高能物理学家

丁肇中

实验成就 篇

李志毅 著

CTS 湖南科学技术出版社

·长沙·

图书在版编目（ＣＩＰ）数据

高能物理学家丁肇中. 实验成就篇 / 李志毅著. — 长沙 ： 湖南
科学技术出版社，2022.9
ISBN 978-7-5710-1681-4

Ⅰ．①高… Ⅱ．①李… Ⅲ．①丁肇中－传记 Ⅳ.①K837.126.11

中国版本图书馆 CIP 数据核字 (2022) 第 143330 号

GAONENG WULIXUEJIA DING ZHAOZHONG SHIYAN CHENGJIU PIAN

高能物理学家丁肇中　实验成就篇

著　　　者：李志毅

出 版 人：潘晓山

总 策 划：胡艳红

责任编辑：刘羽洁　邹　莉

数字编辑：李　叶　谷雨芹

封面设计：田　斜

责任美编：殷　健

出版发行：湖南科学技术出版社

社　　　址：长沙市芙蓉中路一段 416 号泊富国际金融中心

网　　　址：http://www.hnstp.com

湖南科学技术出版社天猫旗舰店网址：

　　　　　http://hnkjcbs.tmall.com

邮购联系：0731-84375808

印　　　刷：湖南省众鑫印务有限公司

　　　　　（印装质量问题请直接与本厂联系）

厂　　　址：湖南省长沙县榔梨街道梨江大道 20 号

邮　　　编：410100

版　　　次：2022 年 9 月第 1 版

印　　　次：2022 年 9 月第 1 次印刷

开　　　本：889mm×1194mm　1/16

印　　　张：3.75

字　　　数：50 千字

书　　　号：ISBN 978-7-5710-1681-4

定　　　价：48.00 元

前　言

提到丁肇中，千言万语都无法形容这位伟大的物理科学大师。他所做的一切对于高能物理领域、对于人类科学的发展都有着不可磨灭的贡献。少年强则国强，讲好科学家故事，弘扬科学家精神，丁肇中的家国情怀、实验成就、科学精神等，对于孩子们有着十分重要的启迪作用。

丁肇中的启蒙科学家是物理大师法拉第，或许对于孩子们来说，丁教授也是指引他们走向科学之路的一盏明灯。探索的种子不知不觉在孩子们的心中种下，悄悄地破土生长。这颗种子需要被浇灌，一句话、一幅图、一段故事、一个奇特的憧憬、一个光怪陆离的梦想，这些大人们眼中不起眼的存在，或许就会成为浇灌这颗种子的甘露。

丁肇中说："要实现你的目标，最重要的是要有好奇心，不断地追求，再加勤奋地工作。"人生的路很长很长，但是不必担忧、不必着急，属于小朋友们的那一刻迟早会到来的。小小的种子长啊长、甘甜的雨露浇啊浇，萌发的嫩芽终有一天会破土而出，成长为一棵参天大树；小小的孩子跑啊跳啊，成长路上的风雨吹啊淋啊，羽毛未丰的雏鹰终究会展翅搏击长空！

《高能物理学家丁肇中》系列绘本由日照市科技馆馆长李志毅著，各分册既相互关联，又独立成册，便于阅读、学习、收藏。感谢麻省理工学院资深行政官谢彩秀和日照市科技馆的贺婧、杨秀名、闫瑞华、林利岩、张虹、蓝艳华、黄璐、聂兰相、孙厉等老师整理资料并提出宝贵建议。

在创作过程中，得到了杨琳、梁佳夷、谭钦文、翁佳君、吴东晓、乔飞航、杨欣语嫣、冯江海等老师的大力帮助，在此一并表示感谢。

1

一场大雨中会落下多少滴雨呢？

或许并不会有人知道这个问题的答案，也没有人在意大雨中是不是有一滴雨的颜色和其他的不同。

可是越困难的问题越能吸引执着的天才，许多人前赴后继地去探索科学的奥秘。

秣马厉兵、厚积薄发，最终，有人找到了那颗带颜色的雨滴。

这，就是丁肇中，一位出生在美国的华人高能物理科学家。

900
变质量（MeV/c²）
合曲线；虚线代表单纯ρ的贡献）
Pluto/Cello
NE HALL
PETRA
Linac
E
Pia
Tasso

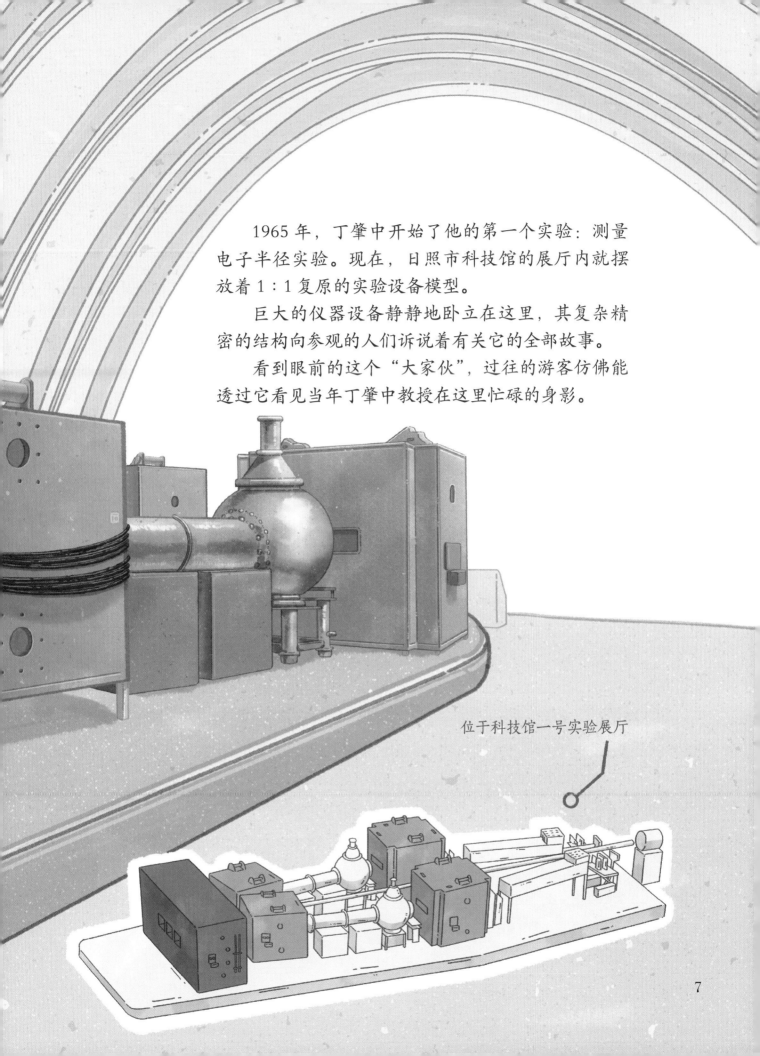

1965 年，丁肇中开始了他的第一个实验：测量电子半径实验。现在，日照市科技馆的展厅内就摆放着 1∶1 复原的实验设备模型。

巨大的仪器设备静静地卧立在这里，其复杂精密的结构向参观的人们诉说着有关它的全部故事。

看到眼前的这个"大家伙"，过往的游客仿佛能透过它看见当年丁肇中教授在这里忙碌的身影。

位于科技馆一号实验展厅

　　1948 年，费曼、施温格和朝永振一郎三位物理学家根据量子电动力学理论提出：电子没有体积。

　　1964 年，哈佛大学和康奈尔大学两所大学的知名教授分别通过不同的实验得出相反结果——量子电动力学是错误的，电子有体积。

　　于是丁肇中决定亲自做实验来测量电子的半径，以此来验证量子电动力学的正确性。那时候他刚刚获得博士学位，就开始主持第一个独立研究，没有任何经验，所以支持他的美国人很少。

　　著名粒子物理学家莱德曼教授还指出，做这些实验的都是专家，而丁肇中却从来没有做过这个课题相关的工作。

可是丁肇中并没有因为受到了其他人的怀疑就退却。

真相往往掌握在少数人手里，而科学家的责任就是去发现真相。遭到同事们质疑的丁肇中毫不示弱，他决定从哥伦比亚大学辞职，前往德国汉堡将这个实验继续下去。

在离开前，丁肇中和莱德曼教授打了个赌，如果丁肇中能在短时间内做出实验，那么莱德曼教授就输给他 20 美元。

经过 8 个月的紧张实验，终于在 1966 年 7 月，丁肇中得出了结论：量子电动力学是正确的，电子是没有体积的，它的半径小于 10^{-14} 厘米。而哈佛大学和康奈尔大学教授们的实验结果是错误的。

　　通过这个实验，丁肇中也悟出了一个道理：对于一个做科学的人，不要盲从专家的结论。

　　年轻的丁肇中裁判了科学史上的一次重大论争，他科学
严谨、不迷信权威的态度不仅赢得了莱德曼教授的 20 美元，
更赢得了欧美高能物理学界科学家们的尊敬和赞誉。

x C.E.A.-HARVARO（哈佛结果）
o. CORNELL（康奈尔结果）

丁肇中并没有因此而沉迷于别人的称赞之中，他深深地明白，作为一名科学家，最重要的是不应为名利所困，要坚持做自己认为最重要的事情。

　　在过去的半个世纪里，丁教授一直在不断测量电子的半径。

　　丁教授说，我们天天用电，可是永远不知道电子的体积是多少。

1965 年的秋天，德国汉堡的枫叶都已经被秋天染成了火红的颜色。

　　而丁肇中也是在这个时候来到了这里，开启了他作为实验物理学家的崭新旅程。

重光子实验结束之后，丁肇中团队沿用原先的实验仪器，但调整了其中磁场的强度。

结果其团队发现正负电子对产生的比例比量子电动力学所预期的还要多，这是因为多了来自重光子的强相互作用。

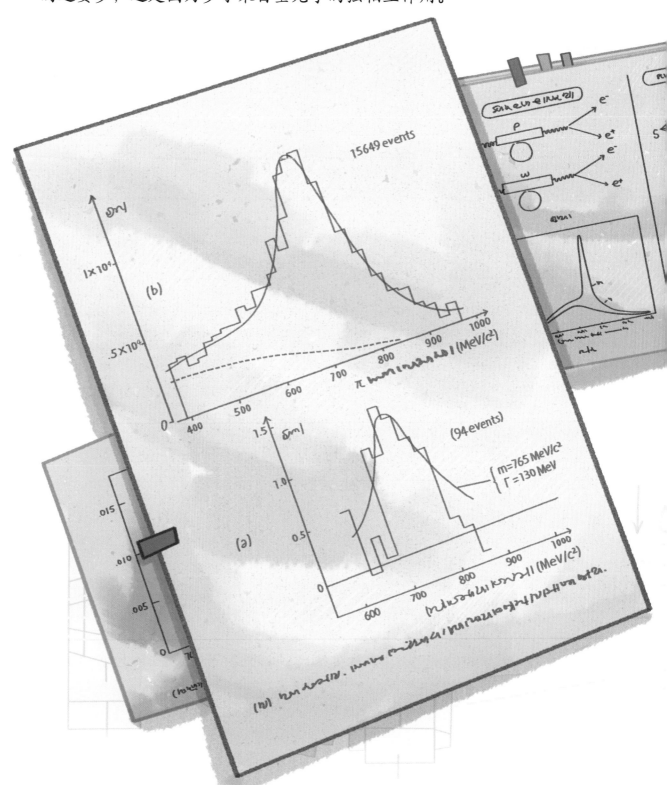

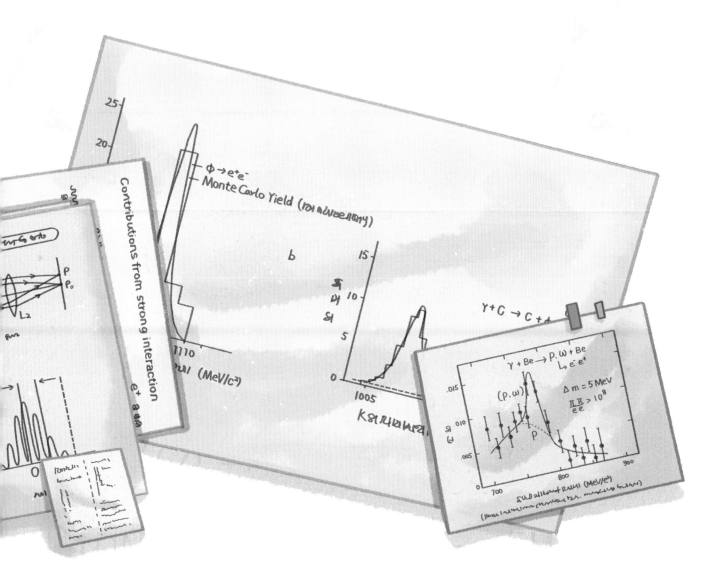

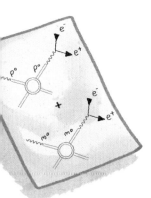

　　重光子实验是一个非常复杂的实验，整个过程持续了十年之久。

　　不过好在功夫不负有心人，丁肇中团队最终得出了实验的结论：光子跟重光子之间可以相互转化。

重光子：即向量介子，它们的各种性质都跟光子一样，但是它们有质量，也参与强相互作用。根据量子理论，光子在行进中可以短暂的转化为向量介子。

与此同时，实验也提出了新的问题，为什么所有重光子的质量都和质子的质量相近？有没有更重的重光子呢？

带着这些问题，1972 年，丁教授带领团队开始了他的第三个实验——发现 J 粒子实验。

在当时，世界上只有三种夸克的概念已成为物理学界的共识，但丁肇中提出了质疑，所以这个实验几乎被世界上所有的实验室拒绝。

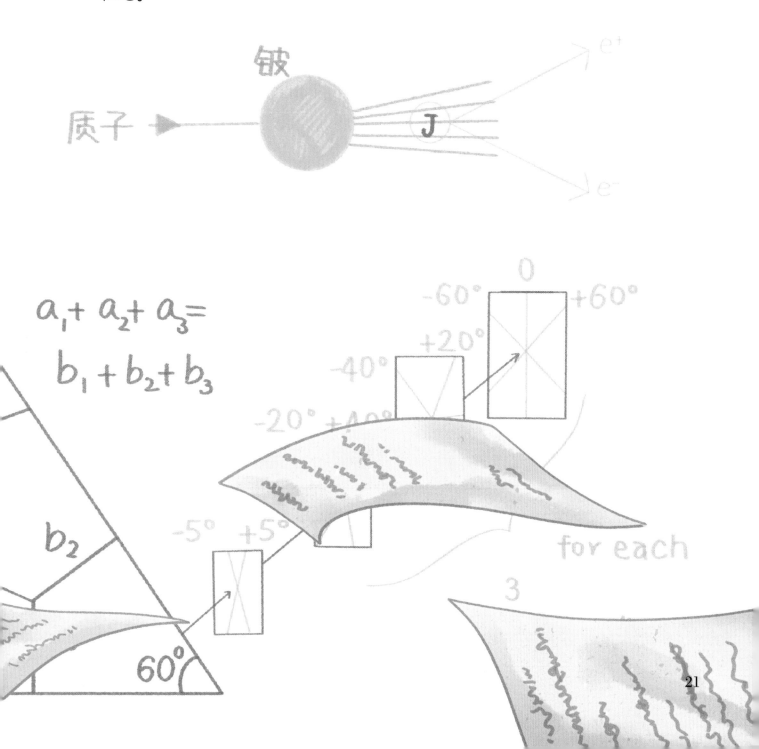

　　寻找 J 粒子究竟有多难呢？丁肇中为这个问题的答案做了个生动的比喻。

　　"像波士顿这样的城市，在雨季的时候每秒钟也许会降下 100 亿个雨滴，假如其中一滴的颜色不同，而我们要在一秒钟之内找到它。"

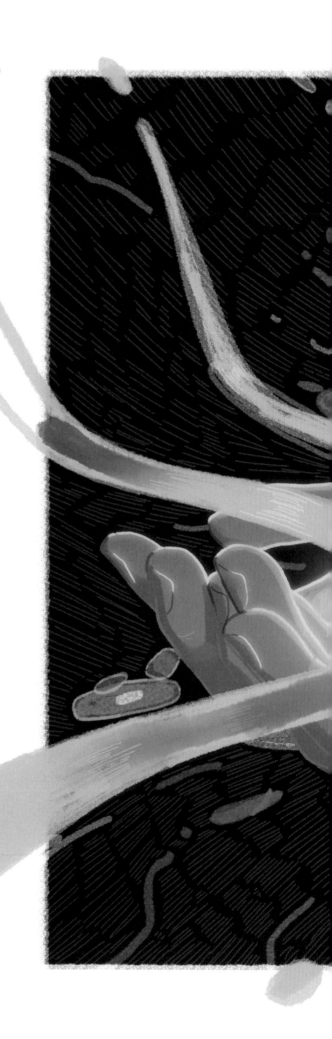

　　丁肇中在饱受质疑的情况下进行了实验，两年以后，终于发现了这种新的粒子，捕捉到了那颗不同颜色的雨滴。

　　找到 J 粒子并不简单，这就像是人们抬头仰望星空，试图在群星中找到书本上未曾记录的星星。

　　星星实在太多，它们同样的闪耀，要如何才能找到大家都未曾见过的那颗呢？

　　这个过程很艰难，可是丁肇中一点也不愿意放弃，经过不断的努力，他终于在浩瀚的宇宙中找到了那颗还未被人看见的星星，这颗星星与其他的都不一样，它比人们知道的每一颗星星都要重、存在的寿命都要长。

　　"在我做寻找新粒子的实验尚未成功之时，人们说我是傻子，因为成功的可能性极小。当我找到新粒子的时候，人们又说我是天才。其实，傻子与天才之间只有一步之遥。"

发现J粒子

"要永远对自己充满信心，做自己认为是正确的事；要实现你的目标，最重要的是要有好奇心，不断地追求，再加勤奋地工作。"

1974 年 11 月，丁肇中宣布发现 J 粒子。

实验的结果在 1974 年 11 月美国《物理评论》发表，推翻了粒子物理学中只有"三种夸克"的理论。这个发现对后续粒子物理的进展有划时代的影响，被称为粒子物理学的"十一月革命"。

　　这种新粒子的发现，显示了新的物质的存在，它们是由新的夸克构成的，颠覆了人们对物质基本结构的认识。

　　因此，丁肇中获得了1976年的诺贝尔物理学奖。

丁肇中并没有因为自己获得了诺贝尔奖就沾沾自喜，探索漫漫无期，宇宙浩瀚，我们发现的不过是冰山一角。

宇宙里究竟有多少颗星星？藏起来的星星都是什么样子的？它们和人类之前发现的星星都有什么不同？

丁肇中很快就重新投入到下一个实验：MARK-J 实验。

这个实验设备建造的原目标是寻找第六种夸克，但是在实验的过程中发现正电子和电子对撞，产生了胶子喷注（三喷注现象），出现了粒子重聚的现象。

正电子：电子的反粒子，是电子对应的反物质，带一单位的正电荷，质量和电子相等。正电子与电子相遇会产生湮灭现象。

对撞

这就像两辆汽车相撞，碎片通常是向外散布的，会掉落在周围的地上。

但是实验中的碰撞却和汽车不同，在高能量碰撞下，粒子撞碎了，产生了很多粒子，它们不是向外散射的，而是再次聚在了一起，重新拼成了一辆新的汽车。

其中，胶子起到了将碎片聚集在一起的媒介作用。

这是一种连接夸克与夸克之间的强相互作用力，也就是胶子把夸克捆绑起来，从而形成了质子和中子。

1979 年 9 月，丁肇中发现了胶子。

在这个实验中，他也深刻地体会到了做科学研究要对意料之外的现象有充分的准备。

丁肇中在证明了胶子的存在后，于 1981 年成功组建并领导了"L3"实验组，开始了他的第五个实验，这是首次由中国、美国、苏联、瑞士、法国等 19 个国家的 600 多名科学家组成的大规模国际科研合作团队。

L3 实验是在世界上最大的粒子加速器上进行的，也就是欧洲核子研究中心地下加速器，该加速器位于阿尔卑斯山下，周长 27 千米。L3 实验模拟了宇宙的形成，1000 亿电子伏特的电子和 1000 亿电子伏特的正电子在十亿分之一秒内对撞，产生极大能量和极高的温度，这个温度可以达到太阳表面温度的 4000 亿倍，也是宇宙诞生之初 1000 亿亿分之一秒的温度。

精确度是这个实验的最大特色之一，这个实验相当于对物理标准模型做了一个全方位的验证。其中，用于测量粒子性质的电磁量能器所用的 BGO 晶体不但昂贵，用量也极大，当时全世界年产量只有 4 千克，而实验需要 12 吨。中国科学院上海硅酸盐研究所解决了这个问题。

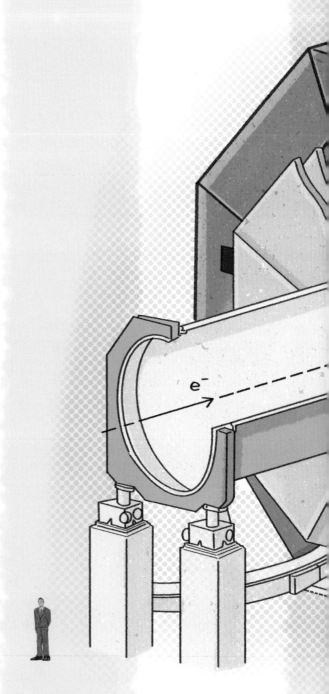

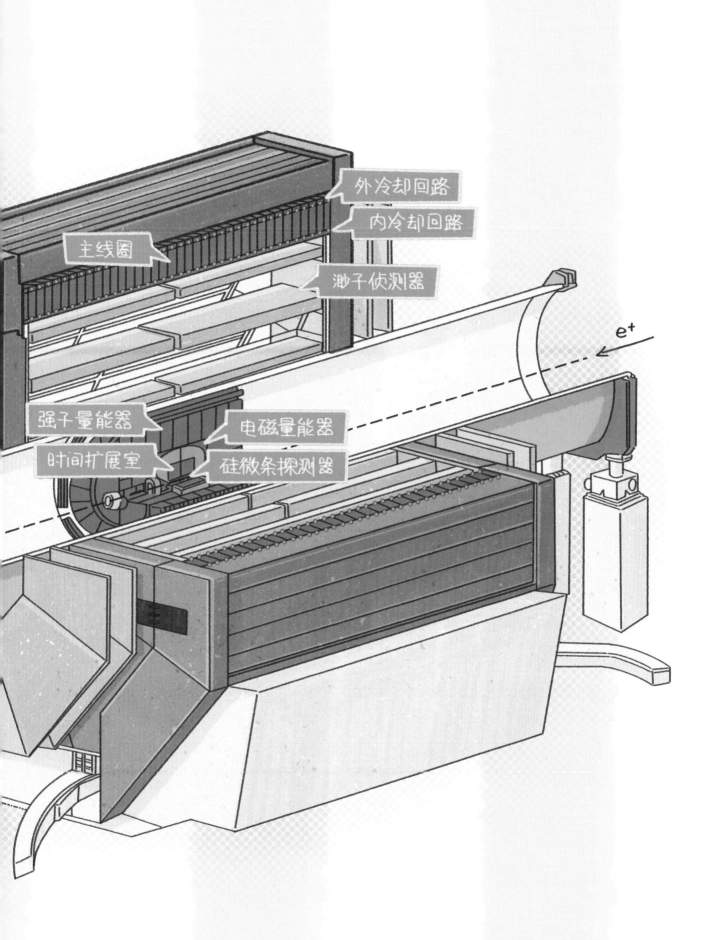

　　在此实验之前，物理界普遍认为自然界中存在三种中微子，但是并没有实验证明。而丁肇中的 L3 实验组确定宇宙中只存在三种中微子，并不存在第四种中微子。并进一步证明电子没有体积，夸克也没有体积，它们的半径都小于 10^{-17} 厘米。

　　这个实验的结果为物理学和宇宙学研究中的重要问题划上了一个句号。

丁肇中在回顾实验历程时曾说："我做实验已经有五十多年了，每一个实验都受到大量的人反对，可是我'容忍'别人错误的判断。我做这个实验的体会是，主持国际科学合作，最重要的是要选对科研题目，体现各国科学家的兴趣。"

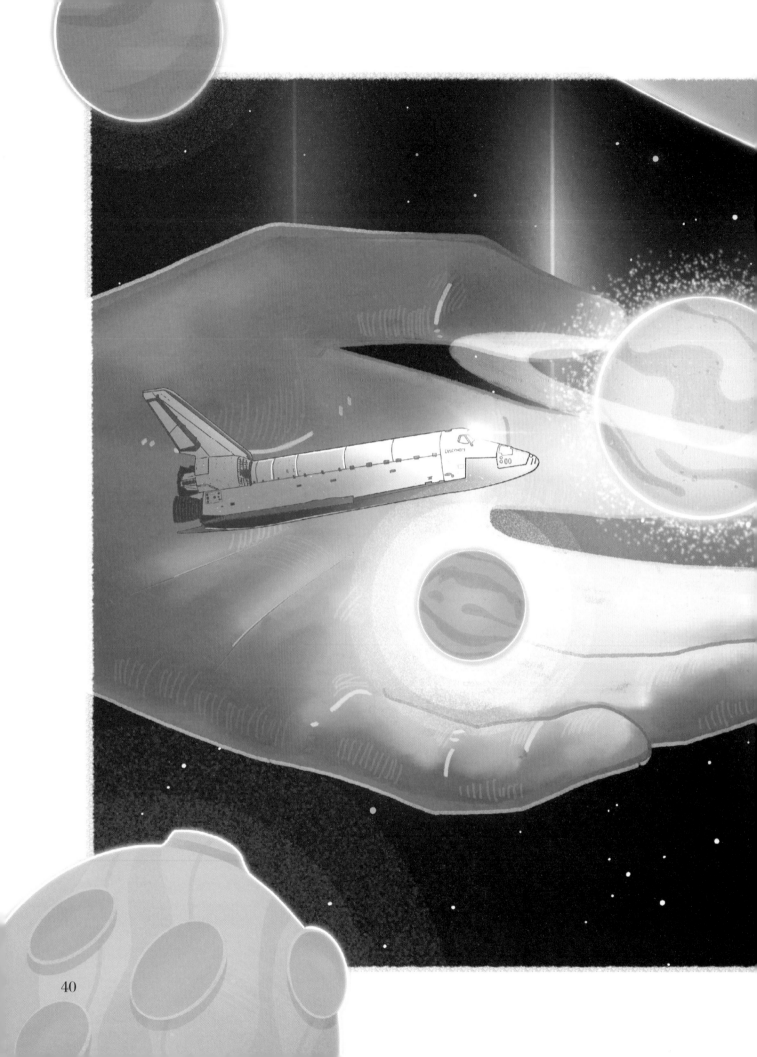

1998 年 6 月 2 日，"发现号"航天飞机内载着中、美等多国共同研制的阿尔法磁谱仪 1 号（AMS-01）进行运行实验，此举揭开了人类第一次到太空寻找反物质和暗物质的序幕。

这一切实在是太有吸引力了！地球外面是什么？天空究竟有多大？宇宙是由什么组成的，它到底从哪里来？

阿尔法磁谱仪

探索暗物质、寻找反物质、探寻宇宙的起源，是人类很久很久以前就有的梦想。阿尔法磁谱仪（AMS）计划得到了包括中国在内的世界各国政府和科学家的积极响应。

　　丁肇中再次主持领导了这项在太空中进行的大型国际合作实验，他经常夜以继日地工作，昼夜不眠。在克服重重困难之后，终于在2011年5月16日，"奋进号"航天飞机搭载阿尔法磁谱仪2号（AMS-02），从肯尼迪发射中心升空，AMS-02被安装到国际空间站桁架上。

　　"信息越多，争议越少"，AMS几年间获取的宇宙线数据，远远超过了此前100年间积累的总和。

丁肇中说，根据目前数据，实验结果会颠覆性地改变人们目前对于宇宙的认知，期望等到 2024 年，也许到 2030 年，AMS 能为我们揭晓新的宇宙谜题。

　　"宇宙中究竟存在什么样的奥秘？这些都有待我们去揭开。"丁教授说，"在过去的一百年里，带电宇宙射线是由气球和卫星来测量的，这些测量大约有30%的误差。AMS测量的宇宙线数据，误差大约为1%，测量精度增加30倍，带来对空间科学的新认知。"

　　探索之心照亮未来，征程未有穷期。

　　科学的奥秘令人着迷，历史的长河中，无数人穷其一生也要去探索科学的秘密。

丁教授的研究涵盖了从最小的基本粒子到整个宇宙的各种现象。探索、发现、实验、求真，人们都在期待丁教授的最新实验成果。

　　路漫漫其修远兮，吾将上下而求索。

知识解析

[1] 量子电动力学：描述了光与物质间的相互作用，是粒子物理学最精准的理论之一。它结合量子力学与相对论，完整地描述了所有的电磁现象（电流、磁场、化学反应等现象都属于电磁现象）。

[2] 强相互作用：现代物理学认为，自然界中存在四种基本作用力，即引力相互作用、电磁相互作用、弱相互作用和强相互作用。强相互作用是作用于强子之间的力，由胶子传递。质子、中子正是由夸克在强相互作用下结合而成的。

[3] 喷注（三喷注现象）：在高能碰撞或衰变过程中产生的呈喷射状的粒子团。

[4] 夸克：构成质子、中子等物质基本单位的细小粒子，具有多种类型。

[5] 胶子：传递夸克之间强相互作用的粒子。

[6] 质子：一种带 1.6×10^{-19} 库仑正电荷的亚原子粒子。原子核中质子数目决定其化学性质和它属于何种化学元素。

[7] 中子：一种不带电的粒子，构成原子核的核子之一，由两个下夸克和一个上夸克组成。

应有格物致知精神

丁肇中

多年来，我在学校里接触到不少中国学生，因此，我想借这个机会谈谈中国学生应该怎样学习自然科学。

在中国传统教育里，最重要的书是"四书"。"四书"之一的《大学》里这样说：一个人教育的出发点是"格物"和"致知"。就是说，从探察物体而得到知识。用这两个词语描写现代学术发展是再恰当没有了。现代学术的基础就是实地的探察，就是我们现在所谓的实验。

但是传统的中国教育并不重视真正的格物和致知。这可能是因为传统教育的目的并不是寻求新知识，而是适应一个固定的社会制度。《大学》本身就说，格物致知的目的，是使人能达到诚意、正心、修身、齐家、治国的田地，从而追求儒家的最高理想——平天下。因为这样，格物致知的真正意义便被埋没了。

大家都知道明朝的大哲学家王阳明，他的思想可以代表传统儒家对实验的态度。有一天，王阳明依照《大学》的指示，先从"格物"做起。他决定要"格"院子里的竹子。于是他搬了一条凳子坐在院子里，面对着竹子硬想了七天，结果因为头痛而宣告失败。这位先生明明是把探察外界误认为探讨自己。

王阳明的观点，在当时的社会环境里是可以理解的。因为儒家传统的看法认为天下有不变的真理，而真理是"圣人"从内心领悟的。圣人知道真理以后，就传给一般人。所以经书上的道理是可"推之于四海，传之于万世"的。经验告诉我们，这种观点是不适用于现在的世界的。

我是研究科学的人，所以重视实验精神在科学上的重要性。

科学发展的历史告诉我们，新的知识只能通过实地实验而得到，不是由自我检讨或哲理的清谈就可求到的。

实验的过程不是消极地观察，而是积极地探测。比如，我们要知道竹子的性质，就要特地栽种竹子，以研究它生长的过程，要把叶子切下来拿到显微镜下去观察，绝不是袖手旁观就可以得到知识的。

实验不是毫无选择地测量，它需要有细致具体的计划。特别重要的，是要有一个适当的目标，以作为整个探索过程的向导。至于这目标怎样选定，就要靠实验者的判断力和灵感。一个成功的实验需要的是眼光、勇气和毅力。

由此我们可以了解，为什么基本知识上的突破是不常有的事情。我们也可以了解，为什么历史上学术的进展只靠很少数人关键性的发现。

时至今天，王阳明的思想还在继续支配着一些中国读书人的头脑。因为这个文化背景，中国学生大都偏向于理论而轻视实验，偏向于抽象的思维而不愿动手。中国学生往往功课成绩很好，考试都得近一百分，但是在研究工作中需要拿主意时，就常常不知所措了。

在这方面，我有个人的经验为证。我是受传统教育长大的。到美国大学念物理的时候，起先以为只要很"用功"，什么都遵照老师的指导，就可以一帆风顺了，但是事实并不是这样。一开始做研究便马上发现不能光靠教师，需要自己做主张、出主意。当时因为事先没有准备，不知吃了多少苦。最使我彷徨恐慌的，是当时的唯一办法——以埋头读书应付一切，对于实际的需要毫无帮助。

我觉得真正的格物致知精神，不但研究学术不可缺少，而且对应付今天的世界环境也是不可少的。在今天一般的教育里，我们需要培养实验的精神，就是说，不论是研究自然科学，研究人文科学，还是在个人行动上，我们都要保留一个怀疑求真的态度，要靠实践来发现事物的真相。现在世界和社会的环境变化很快，世界上不同文化的交流也越来越密切。我们不能盲目地接受过去认定的真理，也不能等待"学术权威"的指示。我们要自己有判断力。在环境激变的今天，我们应该重新体会几千年前经书里说的格物致知的真正意义。这意义有两个方面：第一，寻求真理的唯一途径是对事物客观的探索；第二，探索应该有想象力、有计划，不能消极地袖手旁观。希望我们这一代对于格物和致知有新的认识和思考，使得实验精神真正变成中国文化的一部分。

注：本文曾入选人民教育出版社9年级语文上册。